第五届纽约法拉盛诗歌节

获奖诗人作品集

主 编

严力　邱辛晔

易文出版社

Anthology of Award-Winning Poets of the 5th Flushing Poetry Festival in New York
Edited by Yan Li & Qiu Xinye

Published by I Wing Press, New York
iwingpress@gmail.com
September 2025, First Edition, First Print
ISBN： 978-1-961768-17-8

2025 第五届纽约法拉盛诗歌节
获奖诗人作品集

主　　编：严力　邱辛晔
封 面 图：严力作品，花朵开放的声音
美编设计：王昌华

出　　版：易文出版社·纽约
版　　次：2025 年 9 月第一版，第一次印刷
字　　数：30 千字
定　　价：$29.95 美元

序　言

  2025 年 4 月第五届纽约法拉盛诗歌节圆满完成了来稿诗人的评选，共评出得奖人 8 位。相比前几届，这一届不设奖金，改为出版一册 8 位得奖人的合集，评委会认为让大家看到得奖人更多的作品要比奖金更有助于推广诗意的传承。因此我们收集了每位得奖人的更多作品，形成了这册诗选集。

  近四十多年来，移居海外的华人越来越多，于纽约法拉盛建立的诗歌节就是为了汉语诗歌在海外的创作提供交流与传播的平台。汉语诗歌在海外比较广泛的传播与发展起于 1987 年在纽约成立的《一行》诗刊、1990 年于洛杉矶创刊的《新大陆》，以及 1990 年在北欧复刊的《今天》。

  而只针对海外汉语创作的诗歌评选则始于成立于 2018 年的纽约法拉盛诗歌节。

  诗歌起源于人类对自我命运的思考、情感的浪漫想象、社会生存的理念等，其中，每一代诗人的独立思考和表述技艺对文明史都起到了承担责任的积极意义。诗人的第一故乡是良知，可以在全球随身携带。也就是说诗歌不仅要表述在汉语为主地区的社会现象，也可以表述全球各地的，它涉及到仅仅一个国家尺寸的良知与人类整体良知的差别。所以，语言之间的翻译是人际交流的必要过程，而如今的翻译越来越容易了，一是因为高科技的发展，二是双语人才的大量产生。我们这个合集里就有两位双语得奖人，而双语诗歌也是法拉盛诗歌节所注重的项目。比如我们在 2024 年 7 月出版了海外诗人的中英双语集《美国华语诗人》，2025 年还出版了汉语诗人的英语版诗集《OARS OVER WHITECAPS》.

我们期盼海外的汉语诗歌创作者继续把作品参与到我们这个平台上来，注重交流与分享，在表达的探索中既形成独立思考的习惯又能用所处时代的第一手资料进行社会发展的记录。

接下来，就请分享 8 位得奖人更多的作品吧。

严 力

2025 年 8 月

目　录

II 翻译获奖诗人作品选

明 迪

I

原创现代诗歌获奖诗人作品选

袁 梅

袁梅，作家、诗人、画家、影视制作人。著有《摩梭人》《风车城堡》《个人问题》《好想好想谈恋爱》《木兰辞》《聪明的妈妈像傻瓜》等各类文学作品。制作出品了电影《姨妈的后现代生活》《黄金时代》《黄石的孩子》及电视剧《德龄公主》《奇妙女孩》，动画电影和剧集《疯了桂宝》《神秘世界历险记》《快乐东西》等。自 2020 年起，分别在北京、成都和巴黎举办了个人画展。作品多次获国内外大奖。现长居维也纳。

关于梅

——雪天的弥撒

这雪天泛着一层层的湿气
让灵魂里有了一些长毛的气息
午间开始用文字把它挖掘
以免它在我的躯体里发酵
有人管这文字叫诗
其实它只是我的情绪排泄
湿性体质易感风寒
及时排解也算是个防病措施
好吧，诗落在雪地上
一行便是一项传统医药
在舒展中书写
雪天是我的诗意弥撒

云

——失忆招领

早晨的一声轻吟
唤来满天的彩云聚集
瞬间认出一些旧时相识
曾经的愿望和记忆
天空布满招领启事

正方那朵仿佛一个天平架
曾热衷寻找公平的你
梦里全是武侠
边上是个娇弱的男孩
二哥，我为你可打了不少架

那是泸沽湖的猪槽船
锅庄的火照亮天际
那个唱摇滚的女孩问
何时续写我的生命传奇

还有许多不认识的云朵
说是我曾经有过的记忆
隐约记得你们带来的欢娱
何时失散了？真是对不起

袁 梅

一些云飘走了
一些继续隐居
曾经发誓要生死相契
命运却总是随风飘移

我在这里等你，招招手
云彩要经常亲吻大地

2019 年 3 月 14 日晨间

又下雨了

这是今年的第几场雨了
才农历二月，不是说春雨贵如油么
但我却闻到了其中的酸楚
那分明就是眼泪的样子

小雨淅沥地透着某种隐秘
被困的人们无法领略枝头的禅意
不安、惶恐和所有的委屈
愤怒消退之后是长久的沉默
要借着雨声诉说么

在土地里镶进耻辱的谎言
像野草般生长的荒野啊
请别夺走我秋日里的果实
又下雨了，在雨中滋意生长的
希望是一点仅存的善意

2020 年 3 月 8 日，那晚有雨

我不适合花的造型

我不适合花的造型
所有的花瓣按照标准的弧度开放
我不适合花的周期
一惊一乍地招惹所有的目光
我应该是一棵树

老梅的命名是半个错误
我应该是棵雄性的榆树
酷夏中的荫凉，饥饿中的食物
我渴望所有的枝叶都恣意伸展
我渴望盘根错节在地下深扎
身躯庞大地在一个老村庄静观岁月
给路过的旅人和花粉讲述年轮
即使变成榆木疙瘩也依旧能量无限
老梅是一棵古榆树

2020 年 4 月 22 日

一叶菩提

在旧物中寻找旧物
被自己的记忆气恼
一片树叶飘然而至
全世界都安静不语

这叶菩提来自印度
一位长者对少年的祝福
在少年关于世界的影展上
长者送上了另一个世界

它来自释迦牟尼参悟的大树
九年了依然新鲜如故
岁月不等于消耗和磨损
这里是更多能量加持

成长路上的一叶菩提
由空中到心中会心一笑
菩提叶无分这面那面
在此刻都已合而为一

无分别地观照世界
此时此刻
阳光和我
都很好

2019 年 4 月 3 日

纳博科夫

你睿智得像历经过五百年沧桑
却像个幼童般的口吃
你可以天才地辨别蝴蝶和俚语
却像白痴般地不设防人间
小说中的狡猾和阴谋
在凡世间却不停地逃离
像少年般纯净像烟火般绚烂
洛丽塔在黑暗中微笑着
不管谁是谁的猎手
最后都是孤独的。

词 语

想寻找自己的那棵树
想寻找符合本意的那个词
总是和它若即若离
在词语的密林里迷失

抄唐诗寻宋词想觅踪迹
求助于狄金森抄了几万行诗
再拜毕肖普阿赫玛托娃
我的词语依然无处可依

儿子口里蹦出的英语德语
幽径中迷雾更加蒸腾
天空像是一个巨大的反光板，
一抬头便满眼迷离

既然在词语的密林里迷失
索性玩一场浸入式戏剧
每个词语都是一个狡猾的玩伴
我的心中也生成一些新词

词语的密境像热带雨林
枯枝和新蕊都可以绽放
某一天，在这词语的丛林里
坐一块飞毯冉冉向上

2019 年 3 月 20 日晨

袁梅

献给桑塔格的七朵花

想写一封信给你
说说我半个世纪的迷情
你是我想要成为的那种人
有点遗憾
我们应该更早地遇见

曾经遍地寻找一个人
想让 TA 成为我的收信人
随时寄存我的思想和心性
无人愿意
收留这些漂泊的碎屑

你好，苏珊小姐
你是母亲和女儿
也是我错过的向导
将苍老与新鲜融为一体
思想的光芒照亮暗夜的路

从此我们可以相伴共生
画一个你的样子
寄存在梦里
写一个成长的路径
纪录我们上升的澄境

2019 年 3 月 25 日晨

故 事

生活中不免有些事忘不了
我只能把它写成故事
然后像包袱一样寄存掉
随后从现场快速逃跑

把故事放进一个公共柜台
供人们阅读或者丢弃
这是我和自己的和解方式
故事寄存了便不准备收回

我希望我的故事
有时是一个警示牌
以纪念自己跌过的那些跟头
有时是一个开心果
因为上帝和谁都会开玩笑
有时是一封感谢信
以纪念每一道友善的目光

我的故事里的我
是我想成为的那个人
那里有我的魂灵和祝福

袁 梅

我写我的故事
用我的目光和心跳
每个事故后的故事
都能听见我的脉动

我的故事
你，爱听
或者，不听

2019 年 4 月 2 日

致皮扎尼克

我觉得你是我失散的姐姐
只有你能描摹出童年星空的模样
我出生的两年前你离家去巴黎
在你的踪迹里看见我的梦

女孩的样子　梦想的样子
青春的样子　迷乱的样子
诗歌的样子　死亡的样子
一切都是你的样子

只是女孩不应该站在死亡那头
幻境的花园里没有爱丽丝的小窝
夜间飞翔的莺被撕破了喉舌
泣血的长鸣中我听见大雨磅沱

她奋力滑翔在深夜的山巅
翅膀的光亮映照整个山谷
她到哪里都是光明的一片
冰冷的光直接击穿凡尘的黑

我的姐姐是幻化的精灵
是终极冰点探戈热烈
从布宜诺斯爱丽丝到巴黎

两片大陆相撞后的命名
是光，是夜，是莺
是梦，是真，是鹰
梦幻花园里的爱丽丝
找到了向导兔先生的归宿

生命是一种折叠的岁月
以热能为计量
以词语做存量
生命里的能量转化
为那一瞬间的光

上二年级的时候姐姐离开了这个世界
她的文字被岁月磨出铮铮光亮
"以本质之名为万物命名"
我寻着你的命名去寻找万物的本质

2020 年 5 月 28 日

身体

上天送我一份无法打开的礼物
我亦无法照见她的全部模样
我看不见自己的容颜
亦触不到自己的心脏
只能从别人的瞳孔里反观
或是用仪器丈量

这个身体用脑控制
这个身体用心感觉
却依旧不知道谁是自己
总想应该有个更好的
也不知道好在哪里

上天送的礼物没附说明书
只能随身摇摆感知
或者胡乱地披上一些布料
试着按照别人目光里的样子
较正自己
那也只是盲人摸象
照见的只是局部自己

我决定放开自己的身体
寻着灵魂向前

可灵魂说离开身体的飞行
不在它今世的任务里
我试着和自己的身体谈判
承诺我的守护和忠诚
我试着喜欢这份礼物
尽管她正在渐渐老去

守着这份礼物
我无法自己
天空里飘着细雨
正好滋润一下身体
春雨春风
随便你

2019 年 4 月 9 日晨

影子

我不画影子，因为不敢，
那是太阳先生的资产
他借给我们光，
影子是他的证明。

影子有时长，有时短，
就像利息，有时涨，有时降。
太阳困顿的时候，
黑暗中一切归零。

在借来的光阴中，
我们飞奔向前，奋不顾身，
我们以为可以逃出太阳的领地，
于是拼命地歌咏月亮。

我们讴歌月亮的温情与阴柔，
它其实只是太阳的高利贷者。
它的上面布满了钢铁架构
和无数的折射塔。

我不敢直视太阳，也不也敢正视影子，
就像丑陋的人要逃避镜子。
影子的变幻映照着生命的姿态，

袁 梅

我怕光亮不足，内心已无燃点。
闭上眼睛，用皮肤测试温度，
塞上耳朵，用血流感受速度，
合上嘴巴，用心律寻找角度，
就发现，一个躯体里花正在开。

鹰掠过窗前投下细长的影子，
让你看见天空和大地的距离。
画鹰、画天空、画大地，
就是不画影子。

我闭上眼睛伸出手，
让影子在掌间发了芽，
然后倍速生长，
直到刺破天，击穿地

还有，远处的你！

2020 年 3 月 4 日

镜 像

每个角落都有一面镜子
那是时间的放置
让你在不经意中窥见自己
猛然一击而淋漓尽致

镜像中的自己被特写
某个局部变成一种羞耻
那是你想要的样子么
还是你原初的模样

天空中倒挂着无数面镜子
撕扯成碎片洒落星际
让内心的光照亮周遭吧
虚妄的梦会自动落地

身与心互动的镜像
斑驳中掉落一把钥匙
守住一道移不动的门
那里藏着自己的福祉

2019 年 3 月 16 日晨

袁 梅

消失的学校

我的小学、中学甚至大学都已不见
改名、合并直至消失
他们的寿命都比我短
甚至连旧址也已经销毁
仿佛我从来没有上过学

但分明有人教过我四则运算
在校园里隐约萌动的春心
他们发给我一张纸
试图证明那些日子从未消失
我们曾互相搏杀十五年

这些年我的老师也湮没在人群
他们伪装成三教九流
乞丐、妈咪、政客、老板……
老师们最爱伪装成骗子
每一节课都要让我摔上几跤

消失的学校和永远的学生
伤痕是我的毕业证
遍体鳞伤像战士般学富五车

风掠过伤痕像撞击一件铁甲
一生到死，从未失学
失去了学校的战士，未必不是好学生。

2020 年 3 月 7 日

关于梅

梅字古写是两个发呆的人
双倍的迟钝错过了春季
笨花自然要慢慢生长
直至岁末才姗姗来迟

在枯枝败叶中缓缓地灿烂
没有人知道她春季里的落寞
也无法窥见她夏日的焦虑
只知道秋季是清寒的

在孤独中绽开的朵
却成了报春的花
寻春的人们识得她的落寞么
梅在喧哗中依然保持沉默

长长的季节岁月转换
错过的就让她错过吧
那些花，那些人
在初春的枝头释然绽放

呆呆的梅，油菜花将开！
再会！

2019 年 3 月 17 日晨

文 蓉

文蓉，本名董蓉玲，文学爱好者。祖籍福建长乐，现居美国新泽西州。爱工作像爱树木有力的躯干；爱写作像爱枝桠点缀的花叶。作品偶有刊登。

我们是静止的

大好河山正穿越我们
险峻而复杂的地貌，多少年来，我们静植于世
梦中以为有脚

每一条河
都来自时间的源头，它们是真正有脚的
岩石与岩石漫步，树木与树木
漫步
它们谈论天气能一路追溯远古
而我们的咽喉垒结着崎岖的山崖

看着一条小溪欢腾着跳进大海的怀抱
看着雷霆点燃荒原的油灯
而我们静止，伸不出柔软的指头
艳羡柳条抚摸大河
慈悲的面庞

我们是静止的，像被点着的蜡像
大自然提着闪亮的鬼斧穿行其间
在巨大的沉寂中我们
从荒芜过渡到另一种荒芜

风中的落樱

当它们还是鼓鼓的花苞，风再大
也动摇不了开放的决心

所以万物皆有坚持
花须开到时候并拒绝，雨的洗劫
颤巍巍的枝头，有欲望之河流淌

微风，它们顺从
轻轻摇落三两瓣花语
风烈，它们比风更狂野
冲出悬崖，为自由赴死

若一生，删减始末
灼灼花色，也有苦涩

我说不出话
喉头塞满落樱的骨骼

颠倒歌

从此我要与现世反向而去
散发、薄情
中年叛逆天地可弃。说不足
是多么美好的留白
知足常乐，知不足
更加欢喜

从此我要抱住白雪的屋檐
抱住竹林的倒影
把美娇娘关进古书，灭去飘渺的烛火
顽石如虎，我要拔出石中弓箭
放归山林
再将腹中的酒倒回夜光杯……
从此
君住长江尾，我住长江头
想你就顺流而下，思妇的暗夜
我要擦拭凄清的孤月让
江心印花火

桃花引

把盛放的桃花摘下，戴在自己的头上
身体也长不出枝条，何况老树虬枝
枝节上一个个可以抚摸的智慧

把虚空星辰采撷，挂在桃树枝头
我依然只钟情枝桠上易逝的花朵。但每一颗
青涩的果实都值得取一个与星星一样的可期之名

是时候将我扎破如花瓣
沿春风的流线落入泥中
冬雪早已鸣笛，在花树的体内
从根系起，它所停靠的每一个站台都是芬芳的故乡

月明如舟顺着山脉划进
村人多年栽种的桃林
它们浅谈可表深意，一眼即
咏万世
世事的大部头啊，而我那么薄
就要消逝

轻轻折下几枝
我会供在细脖子的白瓷瓶里

看红印着久远的白
看春天轻轻将我捻起
夹在她所阅读过的某页

04/12/25

追月后遗症

夜空曾升起过一轮璀璨无比的满月
那天夜里我追着光跑了很久
我企图冲上更高的山坡
或是划进一片幽暗的海湾
如果没有肉体的喘息
我甚至会变成一颗星毫无阻力地进入
运动的永恒

后来我得了追月后遗症，再也见不得月亮变圆
我时刻准备的小铁锤，等在它即将圆满的瞬间敲下一角
事实上我从没有机会下手

遗憾送到人间成了种子
治愈此症，我正收割荒凉的夜空
建疗养心灵的无何有之乡

桂花树下是我闲坐的花床
捣药之声催我入眠
现在我比谁都易碎，比谁都
不屑完美

我们写不出平滑的诗行

大量句子、词、字涌动着
穿过斑马线、红绿灯
陈旧的建筑楼下，电线交叉低垂
自行车斜靠在暗处
它们爬上楼梯，拧开门锁
温热的水流冲去肩头薄薄的灰

夜晚的磁铁收拢
锈迹之心
粉尘与思想一样，在夜里
有特例开启的列车
茶叶缓缓下沉，
崎岖的文字始终没有组成一条坦途

摘下头上的月桂叶
我们写不出平滑的诗行，只会尖叫这
陡峭的世界
行者延展着起伏的轨道

早春湖上（组诗）

（一）

春天的人工湖面带来几对小巧的鸳鸯鸟
雌鸟总是朴实无华的
似乎要为佩戴春天这颗五彩的宝石而
简素到底
她们把春天建在内部
将四季的珠光宝气凝成岸边的卵石

（二）

几条偶尔平行偶尔交织的水纹提醒
湖里新到的几对生灵
它们没有加拿大鹅那般大阵仗
清秋在湖里晨鸣；寒冬在
没来得及结冰的湖心群眠
像几颗春天诗篇里的标点，鸳鸯鸟是轻灵的
雄鸟紧随在雌鸟身旁
真怕一不小心掉进春天的漩涡

（三）

一整天我都在雨里
我是说如果湖面上的这三两对鸳鸯划过，能让
你体内的尘埃暂时沉淀
那你一定会和我一样置身这春雨之中而久不自知
甚至时间，甚至时间之外的
不可说

春 雷

（仅以小诗纪念发生在 2018 年美国佛罗里达州校园枪击案中遇难的孩子们）

春天的第一声雷，有许多用处
妈妈常说：听到春雷，扫扫灶台
这一年，日子里就少了虫蚁为怪

昨晚在中部
第一声春雷响起，紧接着
第二声，第三声……
更多的雷声。它们惊醒很多人的梦
但我知道，雷声再大也是温存的

佛罗里达没有雷鸣
但土地潮湿
枪声的回荡比想象的持续更长
更久，像一 条冰冷的铁锁
扼住失眠者的咽喉

春雷寓之生
来吧来吧，多么及时
我们需要一场雨洗去泪水
我们需要一条闪电
劈开
死亡

2018-02-20

告 别

——纪念土耳其地震遇难者

想想吧，朋友。到最后
我们都要与这个世界告别
不论是粉嫩的脸庞还是苍老的手

是啊，如果在告别这个世界的时候
我们是以纷飞的花瓣为承载
化作丝丝缕缕的香
在群山之巅
在星月之畔
那永别也将是欢愉的体验

我们中的所有，最先是那云朵……
是海浪、海鸥、还有它们的欢唱
短暂地、短暂地
告别这世界
在某个芳香的时辰再次
归来、欢聚

伤感也不过是
一只蝴蝶在转瞬即逝的表情花园里小小的停驻
……

这梦境一般的我的
想象，我的渴望，我的祈祷：
祈祷那些
在废墟下
在断石掩埋下
在电线杆与沙砾裹挟下的
那一个个或年轻或年迈
或稚嫩
或刚强的身躯
如果你们没有守到明天的太阳
那请你们的告别
如做春天里的花雨
没有悲伤、没有痛苦
飞扬、飞扬

世界没有眼泪
我们终将重逢

归

没有一种黑能把夜覆盖
就像我在夜的某处独坐，锅里熬着白粥
而我等候着的人
他的车灯正把黑夜
捅出一个又一个光亮的窟窿

曲未终

前半生，我用语言粉饰一切
现在好多了
当我站着，像乔木
转身像开花

石 楠

黄昏有无可取代的
静美
花色斑斓的鸟
短暂地飞过

一个刚刚沐浴过的女人
她身体的味道
正散进　此刻的黄昏
她让斜阳
有香甜的味道

盛放过的石楠花球
被夜雨吹落
绿地茶几
它们真是完美的茶盏

我们活在一片荷叶里

别以为这样可以瞒过所有人
其实我们不过活在一片荷叶里
世界那么大，为什么你
阔散不开，圆滚滚的一颗
偶尔与另一颗碰撞、融合
晶莹剔透的珠子们
还是抱在了一起
甚至自由如雨
轻巧的脚跑得多快啊
最后都活进荷盘

我心里有股温情
伸手就想剥开珠子的外薄膜
那看不见的张力
如果只能被晒干
也要擦去白痕

看"孤独"二字有感

在我的狭窄的屋子里
语言的帆迅速升起的时候真会遇上大麻烦
我需要隔着最少一片湖与你交谈
让帆船甩开的波涛经过岸边菖蒲草；
经过一只蓝鸟的歌声、和清晨未稀释的空气
由它们布成的细网过滤后
轻而柔弱的落下几个，像晨光一样精致的文字
若狂风骤雨让我们不得不困在我
狭窄的屋子
我也不会轻易向你多走几步
距离的美只有那支落魄流亡的队伍见过
他们被种在历史深处，在绢布或泛黄的宣纸上
隔着防弹玻璃开着幽兰
现在，我们之间因为天气的困顿
在我的狭窄的屋里，我们
刚刚开拓的湖泊、岸边摆放的石头、还有种下的许多
灌木
它们正缓慢地走向时间的磨坊
让整体再也无法分割

喜 欢

我喜欢植物的叶子挺拔有力
我喜欢屋顶的雨声铿锵入耳
我喜欢书里走出来的人平和亲切
我喜欢月亮绕着我
轻添掌心

我喜欢重读相同的章节
我喜欢重逢多年的旧友
我喜欢做过的事情
在下秒忘却

我喜欢设计不同的菜谱
我喜欢烹制精美的佳肴
我喜欢看着你们点头
说胃里装着金秋
最美的暖阳

潆滢

潆滢（原名李莹），纽约华文女作家协会会员，海外华文作家笔会会员。诗歌收于《北美十二人诗选》《中国朦胧诗 2017 卷》《纽约一行诗刊》《影响者》《香港文学》等。散文作品散见《解放日报》《风雅》《文综》《侨报》《新州周报》等。曾获北美"汉新文学奖"散文组佳作奖。

一个人的岛屿

摆渡的水手说，暴雨将至
她的眼睛热烈地蹦出一条鱼来
提前游弋在落雨的浅湾

马达轰鸣，剪断整面的海水
和她与陆地的相交已久

鹭鸶鸣叫，划过她的梦
像炉架上的玉米，滋滋作响
她裹上一层层人和事
手指不再会烫伤

头脑是点燃的朝阳
身体升起无数岛屿
她看见，无数的人在倒退着奔跑
脚印是消失的线索
一开口，就燃尽

她把海浪的潮起一一摘下
钉进蓝色的诗行

龙虾浮标

在颠簸中摇晃成浮标
沉浮于人世的海浪上

周身的颜色花纹
背后的执照、数字、标刻
一目了然，在所属的领域
被所属的主人，重复打捞

我卑微的思想，是那笼中物
蜗居其中，被诱饵续命
我逃窜的神游，是未被俗事陈规
养肥的幼崽
从生活细微处挤出

有时，命系一绳的浮标
也会断离牢笼
于是，所有的意指沉归海底
海水冰凉，融化藩篱
海岸温暖，梦回约定

在颠簸中惊醒
方知，躲避风暴的回程路上
漂浮是恐惧悬挂的风帆
一次次撑起，沉浮堵截

红色警戒

蒙尘的眼睛只能擦出泪水
于是，我转身擦拭地板
蛮力或是巧力
一场摩擦终会把肮脏转移
我看到了我的影子
在地面
躲避汗水淹没

阳光很亮，光闪到极处有一丝
生疼的叫喊
那是膝盖骨
卑微的
红色警戒

敲钟人

他坚信，可以敲醒黎明
敲至水流无声，梧桐秋老

山寺汹涌
每敲一声，香客便双手合十
掩埋自己

沉香屑，碎中夹杂着温暖
烟雾是他的庙宇
钟声，扬起他全部的缄默

他的慈悲，在诵念中
缓缓落下
若他的肉身，回荡满世的坚硬
若昨夜，银霜满地

折 纸

搬家时，由于疏忽
丢失了一整袋子孩子的折纸
飞碟、小船、青蛙、小熊、娃娃……
更多的是各种套叠的五彩盒子
和说不出名字的异形空间

我知道
纸船永远找不到水路
飞碟也去不了太空
小熊走不出童话，洋娃娃不会开口
可又有什么关系呢
她折出的是童年的自己
有纸质的清脆和干净

最珍爱的套盒有繁复规则
对称工整，日出日落般循规蹈矩
而横斜逸出是一场惊心叛逃
可又有什么关系呢
想象小心行走在折痕上
稍不留意，就滑脱在
下一个预言的漩涡中

至今，孩子还会从梦中哭醒

伸手去抓夜空中的折纸
就像我竭力去够
所有曾经在身体里流逝的我
和理想中永远也达不到的我
可又有什么关系呢

一张折纸上
未来的我和过去的我
在现在的我中甜蜜吻合

一场大雪的立场

所有的树，都化做一篇雪树
所有的河，都凝炼成一句冰河
所有的边界，都隐退为
雪国的句号

大地，是荒凉的雪中盆景
玩偶般的人们，刻意设置自己的位置，却赶不及
时间随意的排列和修剪
向后退去，我看见脚印延伸的隐喻

这场大雪
不飘摇，不细碎
坚定而无声地下着
下在凛冬，最宽容的草纸上

等待，与阳光又一次妥协
准备，与自己身躯攀谈
远处，水珠与水珠在细微处相遇

阅读者

在我坐下和起身的段落之间
闯入一个阅读者的顿点
"玛格丽特.伍德"的诗歌游丝就此阻断

他白发苍苍，衣衫厚重
手中的报纸没有与外形匹配的厚度
轻松拿捏的姿态
和看一场橄榄球比赛时往嘴里投放薯片一样

"在那个国家的动物们"
我笨拙地数着诗中到底有多少种类出现
水牛鼾声力透纸背

他是诗里遗忘的动物
在岁月沉积的梦乡之林甜美穿梭
图书室潜入他的身体
仔细分配骨骼枝桠上
最后几片枯叶的去向

我看不见他报纸后的脸
诗歌把握了他，直到从其边界消失
回过神来
他的眼皮抬起整个隆冬
"请问，现在是几点？"

所谓洞见

"洞"和"见"：
"凿壁偷光，可揽一束明晰；
冰雪聪明，直视者终觉黑暗"
那个隔壁的诗人
分拆了解释

他有浩浩江河，倒不出几滴酒钱
诗句太短，日子太长
他有满腹山川，觅不得下脚之地
诗句太清，砚台太混
只道："山河失色，与众人喧哗，才配余舟一芥，
去湖心亭看雪"。
众人皆笑：
"洞是补不齐的入世法衣；
见是深井的水，
把漂洗井口的大，当作天空的广······"

他化作曲水流觞的白卷轻绽
他凿出失疯人的链条锁声
他踩过看雪后的泥泞不堪······

他引燃自嘲的香
把笑话当剪刀，裁法衣
用链条引针弊，缝一世的蒲团，日夜跪拜
直到庙堂的风，把虔诚铸为实际

傍晚四点

绕湖奔跑
只在固定地点，光最浓的地方
阖上双眼

斜阳穿透闭拢的世界
黑暗重峦成叠嶂
炭黑、米红、土黄……横劈斧正间
呼吸如山涧游走
教堂钟声编织繁星点点，撑起苍穹
暗合四声，双脚夯实对地面的叩首

阖上双眼
此刻世界明朗而神秘
所有界限互为渗透，摇摆不定
舍弃掉对"唯一"的固执

枯枝指挥寒风奏响凛冬交响曲
而光只在尾声高潮处稍作搁浅
眼帘打开，所有的余音化作三句话

我听见你，是因为沉默
我触摸到，是因为隔阂
我看见光，是因为黑暗

乌鸦

乌鸦彼此鸣叫冲破雪墙
他们用石膏质感的巴洛克颤音
填满枫树的空白处

我不想多看一眼
黑色羽衣会蘸满灵魂最深处的黑暗
随意给生活赋形不祥

长夜松散联结着多种生物
狼地衣用网状身体过滤毒性血液
谷底浓雾深处是白天溺闭的梦

乌鸦们如梦中水母浮出
他们喂养着边界的神秘感
跌撞寻找开始和结束的地方

腐烂的诗行是他们的美味
每一粒字母都是未完成的安魂曲
营养足以支撑他们穿越波德莱尔的巴黎

驻足于恶之花的花瓣上歌唱
生物科学和机器代码的煤灰
音符般火热落下

文本的拾荒者们用废弃的书页打捞
图书馆废墟上闪现一座
永不完工的屏幕巴别塔

仙人掌幻想曲

傻傻地
把自己站成一棵亚利桑納州仙人掌
蓄满 1000 加仑求生意识
头顶开放孤独的思想之花

针刺有关尊严
但不妨碍敞开胸襟
包容一只啄木鸟的尖锐
一只蝙蝠的黑暗巡防
一只哀鸽的停靠悲伤……
借洞穴伤口的复眼，小酌流血的夜晚
远眺世事

根系不必扎得太深
能够掩盖郊狼呼啸的寂寥即可

不说什么
就这么傻傻站着
偶尔路过一只沙漠豪猪
意外勾走一段出逃的情感躯干

语言不是西部界限
单词的源头新生于骄阳之下

赤裸脆感

镇上的春天
是从主路边上
第二大教堂的山坡开始的

紫色的番红花睁开眼睛
迎接冬天化冻的车流涕零
我们像探出河面的泪珠
欢呼着跃出车窗、钻进花杯
与它们蓄满的初雨交合
直到其它各色小花绣满草坪

320 年轮回
我从哪个海岸冲刷过来
变成它的一颗悲伤
因为 SIWANOY 印第安原住民
鱼篓中勾留的海风
还是乔治·华盛顿将军路过时
马蹄踏响的号角渺渺

走在笃定却无关去向的路上
行走的人们赤裸着
不是因为清明的雨
白眉歌鸫和格林尼治红雀
让他们的衣衫有透明的脆感

注：位于美国康涅狄格州，格林尼治镇的 Second
Congregational Church 建于 1705 年。

影 子

你躺在你的影子里
你从影子里坐起

你穿行在你的影子里
你背叛在身影的岔路上

你是影子的提线木偶
你把影子唱给无人的暗夜听

影子渐长，长不过一生的距离
影子渐短，语言的想象力在此封界
影子是你的灵魂，你是影子的王

枯萎的现实之花，在冬天的书页里膨胀
影子闻香穿上你的鞋
扯了扯修辞的衣衫
调整好与你牵扯的角度
继续跌撞
在你对它宽容的永久拥抱里

糖　纸

天空是可以被手揉裂开的
纹路走向取决于手的力道
和窃喜的偷袭速度

多年后，那声音仍让我心悸
一厚沓各异糖纸远胜所有包裹着的甜蜜
薄如蝉翼，色如烟花

许多个有太阳的日子里
什么都不干
坐在板凳上仰望，糖纸展开的一块块
天空。期待下一场，再下一场
绽裂的奇异
光与纸互吻，云与折痕胶着
偶尔飞鸟滑过，留下一瞥
迅疾被揉碎其中

天空是船歌引航的海洋吗
是遗失的一块中世纪教堂玻璃吗
是生命电波的回响吗
抑或是被风抹去了的过去痕迹
和未来绝密
回答如此简单

沙沙，沙沙
周遭大音以它们为核心
汇拢成两字叠音
再以同一个复调向四周辐射开来

多年后
我仍可以和童年的我共振于
糖纸无法释怀的陈述
尤其关于
"童年，是否是一个谎言的工厂？"
或"在梦的拐角，成年的你是否可以趋近
童年的沟壑？"
那些看似假意高深的命题

中央公园的马

它们从来都眼帘低垂
低头和时间一起默念：不要选我，不要选我！
纽约，假装在时间之外打瞌睡

夕照在下午四点半签到
马蹄声将黑暗擦亮
连同寒冷的哈气

游客把自己挟持在座位上，坐稳
表情和街景一起木纳翻过城市书页
泛出车夫的黄色指纹

马消失在路边摊车的香气里
"I love NY" 帽衫前、街边表演哄笑中
直到瞥到肖像马，愣了一下

谁是谁的影射
踱步，继续翻找自己的身体地图

混沌的马蹄声在路边坐了下来
我也随路灯一起坐了下来

寒山老藤

本名黄锦文，定居纽约布鲁克林的写手。有一些诗文发布在网络和书刊上。在诗歌写作上，尝试将当代西方人文思想和中国传统诗歌美学融合在一起。

黑色

夜幕垂下
夕阳 埋下困倦的头
走了一天的路 我想回家

希望有一匹马
一匹 夜一样黑的马
无声无痕 掠过别人的梦

马 被月光照成了
这个世界的逗号
四周 月色无垠

醒来的人不会相信
在黑暗中被人掠过
梦的句号 像旭日正高高挂起

2019 年 7 月 24 日于纽约
2025 年 1 月修稿

野 餐

木桌上堆满食物
没有琴键
一列刀叉　沉浸在
最原始的乐声中

木桌边有我
还有　我之外的其他人
光斑　晃过每一张脸
像是查看　土陶的成色

以神的视角　我一定是只
滞留在时间线上的蚂蚁
从那部落时代起　就一直
守着长木桌　野餐

2024 年 6 月 21 日于纽约
2024 年 12 月修稿

雪

有关雪景的构想
早在秋末　就被定稿了
何时下雪
由不得我

也由不得雪
下雪的意义　不单是为了
凸显　那一溜领路的足印
但有时候　不得不是

特别是　逼退了
红极一时的枫叶后
营造一场　全票通过的冬雪
成了一件　良心事

雪也无法拒绝　春暖花开后
地上　只留下一滩污名
命运属于自己
成败　却由不得自己

2023 年 11 月 26 日于纽约

69

窗 后

他们的灵魂
隔着皮囊
他们的咖啡 和喜怒哀乐
隔着玻璃
我站在窗后 看着街道
仿佛秋风 只凋零路人

在窗后 像一只
被遗忘的陶罐
没人知道我的存在 之后
也没人知道 我已不存在
仿佛 路人在剧本里
只有灵魂 在此刻悄悄靠近

2023 年 11 月 3 日于纽约

清 明

清明时节
心境　总是比烟雨更凉
没去焚烧哀思
我不想　寻求蔚藉

长眠的人　从未转辗反侧
他们　已经脱离人间
而我时常俯卧　试图
将失眠的焦躁　压入梦乡

2022 年 4 月 8 日于纽约

熟 成

在威士忌中醒来
酒杯 映着营帐边的篝火
淡淡的泥烟味 和淡淡的果香
正慢慢熟成世间

橡木桶 用与世隔绝的年份
已将呐喊 熟成出一声轻吟
那些灰飞烟灭的事
像碎石 散落在橡木桶外

走上归途之前 先醉上一杯
醉了 才能继续地走
杯底最后的那滴 有点咸
眼泪 总是难以熟成

2024 年 8 月 24 日于纽约
2025 年 1 月修改

近中秋

还未生育的花
被许多人挑去
陪伴母亲了

在等待花
成为知己的日子里
母亲 依旧是孤独的

某些个黄昏
会有几片花瓣
飘入 我的诗里

近中秋了 想给母亲
一个拥抱 然后像知己一样的聊
但她 已过世了多年

2023 年 9 月 23 日于纽约

简 约

经康定斯基风一吹
线条和色块　便在想象中活了
那些不堪的经历和暗黑
也被想象　引到了哲学的入口

好事的简约主义者　删减了
雨水落入城市的情节
从天空掉入屋顶　流入水沟
入海前　先同流合污

就像我　入世前
始料未及的那样
如此简约　不容遮掩
像裸露的人生　一点也不抽象

2023 年 10 月 21 日于纽约
2024 年 12 月修稿

四月夜

——写给诗歌月

这片熟悉的夜路
有铁栏也有杂物
没有酒吧 也没有
窗台上伸出的玫瑰

四月里的某夜 手背
幻想着被玫瑰的刺 划破
于是眼里挤出了星芒里
星芒里折射出了酒吧的灯光

某些暖心的感受 总是喜欢
在四月的夜里回流
并在漆黑无人的街上
悄悄地 为我摇曳

2025 年 4 月 8 日于纽约

春天来了

春天又来了
又该磨剪刀了
上次 草被剪成了
冷兵器的模样 花起了戒心
而插花的手 有创作的自由

比起放任花草
在微风细雨里
表现出柔弱的低姿态
及 无法掩饰的憔悴
插花 还是在拯救

春天又来了
依然夹杂着泥泞的日子
去年的那些花那些草 没来
要么 早已沿着篱笆匆匆而过
我寻思 沟通比动剪刀更迫切

2025 年 1 月 25 日于纽约

叠加态

六十多年了
你一直围着太阳转
我怀疑 你默默地
等着太阳 也围着你转一回

我无法确定
你也从未表白
这种是与非的叠加态
一直压在心头

2025 年 1 月 5 日于纽约

秋已深

在宁静的秋色中 读你
读到最后一行 也没有鲸落
静如
剥落中的古堡
繁华落尽后
你想拾起什么

你还会被阅读
在热寂来临之前
熵增馈赠的淡泊
仿佛已融入秋末
暮年之人 还有谁
期待 见到未来

2024 年 9 月 10 日于纽约

空寂的冬夜

空寂的冬夜　我冀望
画中宁静的小船
不再仰望星星
而是陪我　等喝醉的人
掷碎酒瓶　一起唱首
孤独的诗　让星星流泪

尽管抹去
酒瓶上的落灰
沙哑的嗓音
已有足够的年份
遥远的星星　看着小船
正在捕捞　水面上的共鸣

2024 年 12 月 7 日于纽约

又逢雨季

那年　你伏地的姿势
像极了　朝圣路上匍匐的藏民
那些野性和激情
被一场夜雨　收缴

今早的窗外　已无落英
雨季里　地上潮湿如故
你不再醒来
世界空了　晨光落在地上

2021 年 6 月修稿于纽约

断 片

蝉鸣撕开嘈杂
那些树 却求我放生

摊开手掌
历史的碎末 吹落

花草 挤占了墓碑的空间
采上一束 还盛开着的

将这些落草为寇的梦
招安在花瓶里

换一个空间 或许可以静下心来读取
墙上那张碎唱片上的凹凸深浅的轨迹

远处看落日的老人
多像一根 唱臂

世代
在既定的轨道上 循环

2021 年 1 月 8 日于纽约

王　键

王键，现居纽约，出生于中国湖北省黄冈市，诗人。20 世纪80 年代开始用笔名楚石发表诗歌作品，发起诗歌活动。90 年代停笔投身实业成为一名企业家，2010 年回归诗歌写作，作品散见《诗刊》《上海文学》《诗歌月刊》《星星》《西湖》《纽约一行》《新大陆》（洛杉矶）等中外诗歌刊物，诗歌入选《中国年度优秀诗歌》《中国诗歌学会年度诗选》《美国华语诗人双语作品选》等多种诗歌选本著有诗集《异乡人》《在回形针里跳舞》。2018 年起至今担任中南财经政法大学诗歌读本《山湖集》双主编之一。

王 键

十月哀歌（组诗）

一

成片的芦苇
一夜白了头
它们，是雪的替身

护城河很浅
中断的水声，不回头

河水，磨着
我身体内的石头
洗我败坏的胃口

河床宽阔
露出干净的尖牙
朝着走向水边的猎人

二

深秋，像张开的
无数猫咪的眼睛
迷离又梦幻

七种颜色的树叶，扯着风的衣角
在叫喊
你低声哭泣，加入季节变换的合唱
你放声大笑，在秋虫乐队里担任主唱

而最小的声音，传得最远

隐藏的身量，神秘得像
躲猫咪

三

在一面落地玻璃墙后面
你修理亏损的光

特斯拉，是一辆新车
它靠光驱动

大面积的亏损，一个
冷黑洞，你尝试
用一杯现代性的咖啡
温暖它

量子在纠缠，我和你
在平行空间
永不纠缠

我与我，也不纠缠
我的特斯拉，正
接受一颗移植的心脏
它要飞向月亮山——
那更加荒凉的秋季

四

被银杏充满的街道
被风儿追赶着头发的人群

北方，今天开始歌唱
诗人们开始偷偷写下诗行

未说出的话，说出
即是离场
未写出的诗，写出
即是永生

而无人机，说着
人话，像入侵者
攻入禁园

你回去，回到
一只红苹果的语言里

五

无人的深夜
打字机兀自响起
那响声很大，像是
谋杀案的现场——
打字机使劲儿打着汉字
多像一个人在打着另一个人

它吐出的字儿
砸在地上，疼得跳脚
这满地的汉字
我都认识，又都不认识

我们是陌生的家人
一起生过孩子
我们是已分手的旧情人
分了手，但仍纠缠不休

六

星座里无风
也无浪

你在海上行走
无浪也无风

船来了
挖走沙子
带走你
挖走寄生蟹的家园

家，是一些数字的拼图
积木也是

潮水退去时
露出没穿裤子的星星

七

哀歌也是颂歌
绝望也是希望

你出门时
穿一件白色风衣
你回家时
仍然一身白衣

风衣刮起的风
吹散你头顶的乡愁
吹走碎片，白云像白床单
被人滚过

城市无语，街道无人

你用虚拟的名字
写诗
写下无语

八

数字家园里
养着孩子

孩子已学会
说话 和思考

三里屯不是屯
幸福村也不是村

我在一个方格子里
磨牙，说着梦话
说着在一个灰色的旷野
追赶兔子
在高级灰里，你
走向幸福的村庄

九

干松果，裂开
在高脚杯中
张开四十九只小手

饥渴的手
等待红葡萄酒
等待人头，泡在酒中

找回大面积的时间
回到第一天
回到树上，回到当初离开的
那棵树上

松香散开
红叶飘落阳台

十

白脸红脸
唱的不是脸

阴谋，也是阳谋

说书的人，也是
念经人

还在说郎才女貌
还在说英雄救美

天桥上，不走人
鼓，敲打出了神的神经

敲打出走的浪人

一支小雅歌
在戏班子里流浪

十一

寒露伤身
大把掉着头发

秋天到时，树木
开始秃顶
将它的肌肉和骨骼秀出

城市的身量
却在变大
那些明亮的楼宇
是你早晨的容颜

什么东西留在了昨夜
什么东西投向了明天

你骑着秋老虎去到街上扫落发
而秋风，正将落光了叶子的树
紧紧抱住

十二

我走进你
走进无限
走进一片星球的暗影

你包围我
给我无限的安慰
你的手，温柔地托我
托我的头颅

我获得一个角度
一个方向

幸福，住在远方，住在一个角落里
不被说出

十三

离开，心痛
留下，也心痛

不能说，说不出的
是自由

无言里有一根醒着的神经
让痛睡下，睡过去

让黑夜长存
让梦永不回到现实
让羞愧，回到羞愧
让死亡，找到重生
让不活着，见证活着

十 四

猫咪，比我的睡眠
还要轻
比我的梦还要
神秘

它用小脑袋摩擦
我的大脑袋
用小手
试探我的大手
用它的小舌头
偷吃我的一小块梦

梦里的鹦鹉说出
白昼
说出我们不安的
身世

十五

"这是你的血……"
流经我，喂养我
洗我身上的灰尘

这是温柔的给予
只有死亡配得上对价

为了死
我给出我，我生下我

我在你里面
剪掉昨天的脐带
洗净我的血

十六

清晨的行走
用露水和花冠铺路
窄路无人

打水的女子
用长围巾围住风寒
她的双胸，被树叶装饰

旷野里的水井
在吟唱中抬起头来

得病的人，用水治愈
死去的人，用睡眠作盾牌

赶路的人，用荆棘纹身

十七

天，低下头，用它的额
抵住我的额
晦暗升起，自地下，吞没我

等待一个破碎的局面
像雪，突然从天上落下
像花瓣儿，在春天纷纷离开花朵

开局即为结局
结局却是无局

我在地图上，寻找时间
我在灯里，想念黑夜

一片雪花，隐藏整全的秘密

十八

眼睛红肿，像一朵
红梅花绽开

泪水，治不好眼疾
年岁却降低了你的泪点
被抬高的，是日益刚硬的心脏

孩子们仍在大地上走失
黑发人仍然死在白发人的怀里

人世间的悲欢，如同诗人的写作——
用零度见证热诚
用赤裸呈现深度

十九

灰喜鹊，在树枝间
出入
它们叫喊，像父亲唤着
出走的浪子

它们的长尾巴，奋拉着，沉重如
拖泥带水的生活

而信息，简短哀伤
在一片不祥的空间里，发着哮喘

陡峭的气管，被绝望切开———

灰喜鹊抖动尾部的黑剪刀

二十

蓝色，没有尽头
秋天的深意也没有尽头

咳嗽，是蓝色的
蓝色的小孩子像天使在飞

得白化病的太阳，发着高烧
而月亮在黑夜里举着白肺

流行色、流行曲、流行服……
都不如流行病深入人心

你用一颗紧缩的心脏
泵出血浆

输送给这惨白的秋天

车灯闪亮，穿行在这混沌人世间
不舍昼夜

2022 年 10 月 写于北京

柳 扬

毕业于伦敦大学亚非学院，获美术史和考古学博士学位。曾担任澳大利亚新南威尔士艺术博物馆中国艺术部主任，悉尼大学艺术史系、新南威尔士大学美术学院客座教授，博士生导师，现任美国明尼阿波利斯艺术博物馆亚洲艺术部主任、中国艺术策展人、明尼苏达大学中国中心委员会委员、弗利兹艺术博览会（Frieze Masters）亚洲艺术审核委员会主席。

柳 扬

倒 立

一棵树将自己翻转
枝叶刺向沉默的大地
根须汲取云中的烈焰

一条河流放弃了向海的执念
回溯涓涓细流的源头
吞噬了自己曾经的方向

一座山倒悬而立
山脚浮出云端
将星辰收入怀中

一只鸟停在倒挂的枝头
低头望见天空正沉睡在脚下
恍惚间，它忘了飞翔的方向

一只蚂蚁扛起一片宇宙
将它轻轻地放在一粒尘埃上
说："你从未学会仰望"

水面的倒影微微颤抖
世界瞬间倾斜，又回到平衡
仿佛一缕目光，在风中转了个身

2025 年 1 月 17 日

风　筝

像一只反叛的鸟
徒手攀爬天际，风筝的
每一次上升都是在试探
触碰天空的韧性
一次次逼近不可见的边界
丈量逃亡的极限

自由是挣扎的别名
它的每次回旋，都像一页未完的书稿
"飞翔"是停在句尾的悬念
它的每一次扭动都只是一次放风
而天与地的距离
是一根线的长度

风推着风筝向上
又在无声间埋下伏笔
因此它的每一次翱翔
都在悄然拉近坠落的时分
它的每一波飞升都在为自己积攒
紧随其后、下坠时的深呼吸

一只拒绝被风驯服的纸禽
每个俯冲，都藏着咬断线的野心

线绷紧，拉出一声细长的呐喊
宣告有一天它会将自己撕裂
纸屑飞扬成解放的羽毛
化为风的一部分

2025 年 1 月 26 日

龙

看龙
你的眼睛必须会
东张西顾，龙嘴
咀嚼着天的青翠，它的尾却在翻阅
长堤边那本书页飞扬的辞海

想象一条龙
你的心需要跳跃腾挪
用云做战壕的神物，是
风的藏家，雷的总理
暴雨是它的述职演讲

去接近龙，你
需要变成一团在空中快速移动的水
能够瞬间变脸，且忍受闪电的鞭笞
或者在尘世，把自己晒得焦黄，回应
它以一件缂丝袍子的颜色，曾经引领的时尚

等待和龙相遇，你的耐心在许多黄昏
被西半球晚祷的钟声拉得细长
有一次你听见月光的鳞片在和鸣
一阵风径直推开了门。来的
却是隔壁属龙的老王

2024 年 2 月 10 日

兔 子

最早的登月者
星际迷航，它全部的配备
是一件雪白的宇航服
和一副捣药的臼

受损于龙门阵，它的航天器难以修复
留下它在那片混沌的疆域卖药
固执于冷兵器年代的争斗
它把陨石看做瓢泼而至的箭镞
它拒绝在自己的领地造林，因为
忌惮传说中那个一直在树下等它的农夫
健步如飞的短跑王啊，多年来它的对手
唯有一晃而过的流星和时间

万籁俱寂的布景前，是它放牧的
那一大群黑暗，咀嚼着
宇宙里漏下来的一簇簇斑驳的光
是影子的化妆师，在移动
铁石心肠的玄武岩的年轮，是它
巡游至黄沙穷尽处，抬头所见
悬挂于太空褶皱里，那颗蓝色的星，如同一粒
它的臼里无法捣出的、治疗乡愁的药丸

倘若，聚集人间所有写给它的诗
一行接着一行，不知是否足够
将梯子搭到它的星球
接它回乡？

2023 年 1 月 22 日

柳 扬

虎

十二年重现江湖的独行侠
四季都披着件花皮袄的旧贵族
以巨掌给大地擂鼓的摇滚手
自己便是一支突击队的骠骑将
走到哪里，就在那里立藩的诸侯王

虎啊，它奔驰时，是一个把自己
幻化成风中黄丝带的魔术师
连风都要讨好地伴跑
地平线也惊惶地逃窜
所有的大路小径，都远远落在了后方

它的视线之内，一座角斗场
它发言时，方圆数里成了隔音房
短暂的沉默，如一颗子弹到达目标前的憋气
它有时也宽容，不在意那个叫猫的远亲冒充它
在通俗画中，蹑手蹑脚地游逛

都说是王者归来，自带巍峨的庙堂
人们景仰它聚光灯下的剪影，如神圣的四足鼎
只有我远远地看着它，心思不一样
是的，我要与虎谋皮，那匹老旧的绢
上面的诗，一行又一行

2022 年 2 月 1 日

日子

在我们说话的时候
外面的一丛三角梅，开得气急败坏
光阴的那枝箭，搭在花旁一只
能垂直起降的蜜蜂弓上

上次也是，说着说着
居然没留意外面发生的无妄之灾
决绝的秋，竟然一把火
将世界烧成了白茫茫的一片

檐头垂下滴答的珠帘时
你会和我念叨，说
趁着绿叶酝酿起义的间隙
修剪一下杂乱了一个冬天的枝干和思想吧

可是所有的时间，我都在海外漂流，岸很远
只是偶尔，像今天，会有那么几帧闪回
夜色温柔，那时我们虽然年轻，但是
得扶着路灯投下的一束束光，慢慢挪行

2022 年 9 月 15 日

柳 扬

在水中

在水中潜浮
倾听渐行渐远的世界
声声慢，灼烫的光也
一片比一片钝

你一定以为，我像
琥珀里那只远古的蜻蜓
用张开的翅膀
享受这片刻的宁静和庸常

其实，我是在庆幸
漫长的的一生中只有这一瞬间
自己做出了飞翔的姿势
而沉重的肉身也不能
拿我怎么样

2021 年 5 月 20 日

灯笼

一个小小的灯笼
它的存在
仿佛就是为了反驳那句名言
纸，总是包不住火

你必须弓下腰
在一个有风雨的夜晚
才能看得见它被夜幕包裹的心
以及它那一闪一闪的孩子气

跟着它走上一程，你会看见
它漾出的光扭着秧歌
它睥睨黑暗的模样
甚至让遥远的土星误以为
这也是一颗自带光环的星

2020 年 6 月 27 日

至暗时刻

这个春天，注定了
只有漫长的每天，而春却告失踪
世界，就像中世纪修女的宽袍
无声、空虚、而又黑暗

所有人都住在自己的运气里
有的还收到大堆的苦涩
不期而至的礼物啊，它们
却不能跟亲人分享

至暗的时刻，我还是想和你说说
不久前那一次又一次集结冲锋的大雪
它跟尘世污秽的对弈，像一盘
无始无终的棋局，黑白分明

我要告诉你太阳的芒刺，它们还在
你指尖挠不到的背上；我会提到玻璃
这个沉默寡言的家伙，一旦决绝
便选择粉身碎骨，而且不惮发出扎心的尖叫

我要说到十二月那一片还在树上坚持的叶子
悲壮的一抹枯黄，是萧瑟天地间的一块铜

它是否知道它的伙伴们早已变节，匍匐在
泥土里，还被几只出来觅食的土拨鼠践踏

我想跟你提起湖边那一排排灯光
它们在水的暗黑表皮刮出的那些瘢
说说那把刀子，如何在砍向钝物的瞬间
突然藏起它自己的锋芒

我还要说那场曾用细线给天空补裂的雨
它们倾盆而至时，有人说像是爱情
它们现在蛰伏在冰里，坚信
不久便会在一个盛着烈酒的杯中重逢

2020 年 5 月 4 日

柳 扬

匹兹堡

铸铁一样的名字
仿佛可以
在里面驻守一辈子
可是匹兹堡，为什么
我对你的记忆只有两次

一次是抵达
一次是离开

到的时候是夜晚，我藏好
所有的灯光，只委托了其中一盏给百叶窗
临去时，我一次次回头
如同撤退的残部，仍惦记
殿后的那个士兵

2017 年 8 月 18 日

西雅图

用海波作窗帘的城市
西雅图，你要我
在离去前比个手势
把无声包围过来的别意
轻轻戳破

我以佛祖拈花微笑的方式
作答。指尖上走着千军万马
而花骨朵，纹丝不动
它和你的潮汛
同季

2018 年 1 月 14 日

游 泳

每回游泳
都是跟水的一次较量

一掌一划
都劈开了它的躯体
抽回手臂时，它却是
完好如初
我伸出的双手
探遍了它柔若无骨的全身
对它的形状
我仍然一无所知
无数次的吞吐，它的气息
依旧若有若无
它是那么纯净透明
我的目光却总也低达不了
它那浅浅的底部

而它
在第一次容纳我时
便扫描了我的身形
知道它的软肋和铸铁的心
它还洞悉我的水性

有时会呛我，为了
平复我兵荒马乱的浮躁
它也懂得
什么时候该松开它太紧的拥抱
让我到外面的世界
喘一口气

在跟水的一次次过招后
我发现自己，慢慢被塑成了
它想要的模样

2012. 3. 24.

柳 扬

看《明清花鸟画》

蜡琢的花蕾
遇见它冬日的两个友人后
便不再自赏孤芳

一只鸟儿擦过虬劲的枝干
点着了一树的红花
一堆诗句和湖石的后面
有惑人的迷迭香

心呵，被缓缓的溪水
泊到对岸
在一丛水草边
和一群醉蟹横行起舞

老旧的幽兰
已渐渐褪去它的蓝了
但在隐士的篱笆边，我还是想
和你一起蹲下身子
与它们为伍，哪怕只是
短短的一瞬

2012 年 2 月 24 日

流水帐

所有的事情，都是
不同的事情
他们来了、他们走了
他们赶到时，史书却已杀青
头颅空旷、血流尽只剩下
怀念的权力
流落各朝，不知所终

所有的事情，只是
一件事情
你的战争毫无结果
你的情人却太认真
你诅咒父亲、带着父亲的气味
梳头时，落下一地的梳齿
伸出手，你握到
断臂人的空袖

只有心跳
是与黑暗的一次
争辩

种 玉

种玉的人田园荒芜
把白石埋在饥饿的中心
蒸腾而起的青气
击落了浮躁的云和鸟
模糊了望气人的眼镜

雨水之后开始了逃亡的季节
庄稼逃离了扭曲的天空
逃成干瘪的种子
妻子逃成人家相片里的苦笑
青草被风吹散，旷野里的红色
烧坏了土地的骨骼
寂静围住种玉的人
犹如森林围住沼泽中一小片天空
无云无物荒诞的天空

田地空旷地再也捕捉不到什么了
四周布满了带眼珠的无声语言
种玉的人紧挨白石的种子
把自己埋进了土地里
看哪，晶莹的玉顷刻长出来
成了他的墓志铭

II

翻译获奖诗人作品选

明 迪

中国海外诗人，现居洛杉矶，著有《D 小调练习曲》《柏林故事》《明迪诗选》《和弦分解》《胶片中流过的日子》《分身术》《空房子》《鸟岛》《几乎所有的天使都有翅膀以及一些奇怪的嗜好》九本诗集，并有七本诗集译本在其它国家出版。翻译有《在他乡写作》《错过的时光》《舞在教德萨》《家》《观察》等，合译《空椅子》《仙鹤》。曾任美国《大声朗读》终评评委，鲁斯基金-佛蒙特国际驻写计划评委，《蓝果树季刊》创刊编委，蓝果树出版社编辑，南美某基金会国际顾问，柏林《诗歌在线》合作伙伴，鹿特丹《诗国际》中国板块编辑，鹿特丹诗歌节"中国之夜"和柏林诗歌节"中国焦距"共同策展人，俄罗斯 Poesia21 亚太地区和北美地区联合策展人。编选过《新·华夏集：当代中国诗选》（美国版），《中国当代诗》（阿根廷版），《中国新诗百年孤独》（墨西哥版合编），《中国现代诗 100 首》（印度版），《中国新诗1917-2017》（美国版），《长江诗选》（阿根廷版），《中国当代女诗人》（西班牙/墨西哥版），《21 世纪汉语诗歌地理》（西班牙版）。合编《中美生态诗选》。

旦增白姆原创 明迪翻译

旦增白姆，西藏双语诗人，精通藏语和汉语，2000年出生于拉萨中部的墨竹工卡县（Maizhokunggar），母语为藏语，从小学到中学接受藏汉双语教育，在上海读高中时开始用中文写作，在南开大学读书期间在网上发表诗歌，译者明迪从网上联系到她邀请她用藏语写诗、朗诵，并推荐她参与线上国际诗歌节朗诵。2023年她毕业于南开大学，获得哲学学士学位。目前在拉萨以南、与印度和不丹接壤的山南市担任公务员。

名 字

他们说，这个名字带着灾难
名字是被赋予的
一同附上生命当中的福祸

人们热衷于取名字
因为人总会被呼唤
物总会被归类

有了名字
似乎就知道了自己是谁
对各种呼唤，进行回应

母亲告诉我
她和奶奶在下山的路上
忘记了我的名字

那时我还是襁褓中的婴儿
在懊悔和慌张中
她们重新返回寺庙

上师再次赋予了我一个新名字
有时我在想，在下山的路上

在重新返回寺庙的途中

母亲和奶奶
为我求取了另一种人生
如果名字附带着这一生的福祸

Name

They say my name was encoded with a disaster
in fact all names are given
and intended to carry blessings or misfortunes

People are fond of naming
and being called upon accordingly
classified in categories

as if you will know who you are
once in possession of a name
and respond accordingly

mother says she and grandma forgot
the name that had been given to me
when they walked down the mountain

I was an infant, swaddled.
in panic and regret they hurried back
to the temple—
where guru gave me a new name

sometimes I wonder if my mother and grandma
on their way down the mountain
and back to the temple
sought a different life for me, as if a new name would
re-define me, with blessings
or blessings in disguise

像影子一样的黑色

傍晚的山脉只有轮廓
穿过隧道
遇见装满橘子的货车

后视镜里装着像橘子一样的夕阳
那金黄的圆点也被很多车子驮着
天暗了下来

影子一样的黑色吞没了影子
风景消失了
大多数人的目光统一了

黑色最能聚焦人的目光？
人们开始寻找自己亲近的人

Darkness Like a Shadow

in the evening, mountains turn into
a silhouette

after passing through a tunnel
I suddenly see a truck full of oranges

and in my rear mirror is an orange sunset
a golden circle carried by many trucks
then it becomes dark

darkness like a shadow engulfs many shadows
the scenery gone
the eyes of most people watching it are unified

is darkness good at catching attention?
people start to seek what's close to them

影的反抗

我们之间唯一的接触，就在脚底
很多时候我们都在一起
但从不交谈

它贴在白色的墙上
墙的裂痕也出现在它的身上
那些实体扭曲着它

它从我的脚底生长
被拉长、压缩、消失又出现
很清晰的一片薄薄的黑

此刻我是一个中间物
介于影子和光之间

Shadow's Resistance

our only connection is underneath my feet
we seem to be bonded
but never talk to each other

it walks against a white wall
the cracks in the wall becoming part of it
twisting its body

it grows from the soles of my feet
being stretched, compressed, stretched again
disappearing and reappearing—
a very clear but thin layer of darkness

I became an intermediary
between the shadow and light

雨 天

无法宣告的很多沉默
是坟墓一样的深
当雨水变多
植物开始生长的时候

我猛然意识到
沉默应该是利刃
沉默的内核要像天葬台上的尸体
被果断地分解

成为食物
让秃鹫叼去

Rainy Day

more silence, silence that cannot be declared
falls, as deep as graves
when it rains and rains more
plants starting to grow

I suddenly realize that
silence should be a sharp knife
to take apart decisively
its own core as a corpse at a celestial burial

becoming food
for the vultures to snatch away

一小片天空

咖啡厅透明的屋顶
可以看见一小片天空
我忽然就听到五月的风
吹在羌塘草原低矮的云下

我入神的看着
才知道多向往
太多好看的
太多一样又不一样的
开始是欣喜
后来就只剩烦恼

人们仿制的大自然
总带着塑料橡胶的味道
原来人们追求的是永恒
即便他们知道"无常"

我问石头"为什么"？
石头始终沉默
沉默是它的天性
任何灾难也奈何不了它

咖啡厅透明的屋顶
那一小片天空里
有许多稍纵即逝的
比如阳光

石头用沉默逼迫我思考
我得出的答案是
人们知道"无常"
所以假造"永恒"

Skylight

from the transparent roof of the café
here in Tianjin, I see a small patch of the sky—
suddenly I seem to hear the wind of May
blowing over the Qiangtang grassland* of Tibet
below its low clouds

I watch the skylight, entranced,
knowing just now how much I yearn
for beautiful things
identical or different
a joy at first, then worries

the man-made nature smells
plastic and rubberish
it turns out that all humans pursue eternity
even though they know about impermanence

I ask the stone walls "why?"
the stones remain silent
as silence is their nature
which even disasters can do nothing about

through the clear, transparent roof
of the café, a small piece of the sky
so many fleeting things pass by
such as sunlight

the stone walls force me to think in their silence
the answer I come up with:
humans know about "impermanence"
so they make fake eternity

原创双语诗 5 首

Horus

I flew over the oceans last night,
pitch dark, like my wings,
and I saw through the water and waves
sunken cities and trees like seaweeds,
warm currents and cold currents
like my veins and nerves
connecting the floating islands
as far as Antarctica.
I heard night owls from Easter Island
calling out Ra, the sun god of Egypt,
in the language of Sanskrit.
I saw shadows from thousands of years
ago, of people walking to Peru and Chile
from island to island, land to land,
like refugees running away from wars
and tsunamis. Deeper into the night I saw
dinosaurs growing wings
becoming pterosaurs, eagles, birds,
running away from earthquakes.
Mauna Kea, higher than Everest, submerged,
islands drifting, continents reshaped.

荷鲁斯

昨晚我飞越海洋，漆黑一片，
像我的翅膀一般黑，
透过水和波浪，我看见
淹没的城市，海藻一样的树木，
暖流和寒流
像我的血管和经脉
连接浮岛，远至南极。太平洋上，
我听见复活节岛的夜猫
用梵语呼叫埃及太阳神，"拉"。
我看见千万年前的影子——
很多人步行去秘鲁和智利，
从一个岛，到另一个岛，
从一个陆地，到另一个陆地，
像逃离战争和海啸的难民。
夜越来越深，我看见
恐龙长出翅膀
变成翼龙，老鹰，小鸟，
逃离火山喷发和地震。
比珠穆朗玛峰还高的莫纳克亚山
已被淹没。
岛屿漂移，板块重新组合。

Year of the Snake

A she-snake rises from the sea, covered
in salt, her body stretching into a mountain range,
an inch longer, a year younger.

Now she is twelve miles long, in circles
concentric, the tail in the middle, hundreds
of millions of years old.

Through the porthole, I see the spiraling
snake mountain with endless life—
as if a reminder: self-healing from self-growth.

How many miles can I stretch myself?
How many years younger can I grow?

Until I turn all the crystal salt into light,
until my body gathers a mass of sandstone,
rock, minerals, dust, gas, ice...

until I sail into interstellar space, forming a new
galaxy, with family trees, maps of history
trailing behind me,

and no gravity can pull me back?

女它

一条女蛇，从海里跃起，
满身是盐，延伸出一座山脉，
每延长一寸，就年轻一岁。

此刻她身长 12 英里，环状，同心圆，
最年老的部位，蛇尾，
在最中间，在古老的美洲，几亿岁了。

我从舷窗，看见盘旋的蛇山，
生命力无穷无尽，
仿佛在提示：自我疗伤，自我生长。

我还能生长几英里，年轻几岁？

直到我把所有的晶体盐变成光，
直到我的身体，聚集一簇岩砂、岩石、
矿物、灰尘、气体，冰……

直到我驶入星际空间，
向上旋转——生长出新的银河系，
身后垂悬着家谱，地图，历史，

没有引力可以把我拉回？

The Nile

I have been dreaming on the Nile these days.
Sun rises from the right, sets on the left,
an arc of a flaming bird.
Meltwater flows from the south,
the origins of the Nile, through Tanzania,
Kenya, Uganda, through Ethiopia,
meeting above my head, flowing down through
my chest, the almost submerged Aswan;
my stomach, temples and tombs of Luxor;
my feet and toes like twigs of the Delta
down to the Mediterranean sea where I see
reflections of gods and goddesses,
golden and silver words in various scripts,
straight and cursive lines, circles and dots.
Hieroglyphics flow into my veins and meridians
forming the lines of latitude and longitude.
I become full and abundant,
trees branching out of my body like sun rays,
distant planets greet me with ill intentions.
I dream of waking up as a lotus
on the Nile, disoriented, up south, down north.
I hear Nubian, Siwi, Beja, Coptic, Arabic...
I have dream-flown as a continuous stream for six
thousand years—who chopped me off
and divided me into Egypt and Sudan?

尼罗河

这些天我在尼罗河上做梦，
太阳从右边升起，左边落下——
一只金鸟飞过的弧线。
融化的水从南方流过来，
从尼罗河的源头，穿过坦桑尼亚、
肯尼亚、乌干达，穿过埃塞俄比亚，
在我头顶汇合，流经
我胸膛——几乎被淹没的阿斯旺，
我的肝脏——卢克索的寺庙和陵墓，
我的脚、脚趾像三角洲的溪流，
一直流到地中海，在那里我看见
诸神和诸女神的倒影，
金色和银色文字，各种字体，
直线，曲线，圆圈，圆点……
象形文字流入我血管和经络后，
成为地球的经纬，
我变得丰硕，盈满，
树木从我身体分枝，像太阳的光线，
各路行星，各怀鬼胎。
我梦见醒来变成了一朵荷花
在尼罗河上，迷失了方向，
太阳阴性，月亮阳性，上南，下北，

我听见努比亚语，西维语，贝贾语，
科普特语，阿拉伯语……
我一觉睡了五千年，一条延续的河流，
谁把我劈开，切成埃及和苏丹？

明 迪

Children of the Moon

In Jericho, the city of the moon,
women lay on the lowest land of sea level

and suddenly grass growing beneath their bodies,
babies' cries accompanied by the trickling streams.

Children grew up, grew wheat and buckwheat,
raising sheep and goats, building walls with stones.

Invaders came, broke into the walls, burned the city
killing men and women, mothers and children.

But like weeds, when spring comes with rain and
a sea breeze, they grow again, lush and dense.

Invaders return to kill them, again and again,
kicking their corpses out of the ashes of their land.

Children's hands fossilized with new blood dripping
reach out to the sky, to the moon, for help.

月亮的孩子

在耶利哥，月亮之城，
她们在海平面最低的凹地上躺下，

突然她们背下长出青草，
婴儿的哭声伴随着潺潺溪水。

孩子们长大了，种小麦，荞麦，
养绵羊，山羊，用石头垒起城墙。

七天大火，侵略者杀进城墙，
杀死母亲们，孩子们。

但她们如野草一般，春天一到，
海风一吹，又长出，茂密一片。

侵略者又返回不断杀戮，先炸死活人，
再把尸体从灰烬中赶出家园。

已成为化石的手，滴着鲜血的手，
一起伸向天空，伸向月亮，求助。

Happy Ending

There was a village in the Far East where people spoke Gappy.
Another village spoke Yappy. And another, Zappy...
Years and years later, the villages grew into kingdoms. Then
there was this guy by the name of Chin... Mr. Chin smiled
all the time. With one smile he wiped out all the small kingdoms
and small languages and made his big Chinnish the official
tongue
and his big body the King of the Central Kingdom. So today
in that big Centralized Kingdom, people speak one big tongue
and write in one big writing system, the official one.
Poets talk about dialects and localized writings but all write
the same characters. Some claim to be Gappy, Yappy, or Zappy
nationalities but all speak the official Chinnish and write the
official
Chinnish. Hey, they don't need to translate each other.
They hold poetry festivals as if having a National Congress.
They
understand each other so well that they even have the same
smile
on their faces. No more Gappy, Yappy, Zappy—everybody is
Happy.

欧 盟

很久以前有一个村庄，那里的人说雅皮语。
右边隔壁村里的人说嘎皮语。
左边隔壁村里的人说扎皮语……很多年以后，
村庄变为王国，雅皮语，嘎皮语，扎皮语，
从乡村俚语变为有名有姓的正式语。
一个叫"亲"的人，整天挂着笑脸，每笑一下，
就消灭一个王国，最后割血联盟，立自己为中央国王，
立自己的"亲语"为唯一的官方语。所以今天
在那个巨大的王国，所有人都说亲语，
雅皮人，嘎皮人，扎皮人，全写一种官方语，
他们讨论"方言"，"地方写作"，
但使用统一的亲语，
他们声称是雅皮人，嘎皮人，扎皮人，
但只会写标准亲语。令人欣慰的是，
他们不需要互相翻译，
开诗会如同开全国人民代表大会，彼此之间如此和谐，
如此理解，连笑起来都是同样的笑脸，没有任何误解。
他们不需要雅皮，嘎皮，扎皮，人人都幸福哈皮。

彭美沁

911 后出生于纽约皇后医院，零零后新生代油画家，多媒体艺术家。毕业于哈佛大学美术系，辅修心理学。精通英语、法语、日语和中文。2024 年在卡彭特视觉艺术中心举办群展。作品涵盖绘画、雕塑、印刷画、摄影。兴趣涉及哲学、比较文学、电影理论学、大众心理学、神话和人类学。

原创双语作品

他乡愁

西方的先贤从西方的古神那儿听来：
"不要觊觎你邻居的妻子"
可是我却觊觎
诸位每个人的故乡

为了跑出生我养我的家园
到你们的家园里撒野，卖乖，踏青，戏水
听藤影讲授形而上学，向星群质问神祇的去向
任新鲜的风吹散家乡的温暖熟悉。
像个贼，我可怜巴巴
地潜伏在地图的边缘，
憧憬下一次叛逃的降临。
他乡使我魂牵梦萦又势在必得
一定要尝到，可一旦入口，便急于摆脱那回甘。
故乡的乡愁，是一条系不住我的缰绳，
而他乡的乡愁，是一道吃过便丢的甜点。
唯有在这方面
我展示出了帝王般的残忍。

Homesick for Elsewhere

The sages of the Occident, having eavesdropped on their
antique divinities,
once murmured:
"Thou shalt not covet thy neighbour's wife."
—But I, I covet
The homeland of every single one of you.
To flee the soil that suckled me, I trespass,
Wreaking charm and mischief upon your cherished
gardens.
I frolic in your springs, flirt with your rivers,
Let shadowy vines whisper to me metaphysics,
Question the constellations of vanished gods.
Permitting the virgin wind to dismantle
The familiar warmth I brought from home.
Like a shabby thief, I linger
On the frayed hem of the atlas,
Longing for the upcoming defection to descend like a
rapture.
The foreign tugs at me—relentlessly, deliciously—
I must taste it, though the moment it touches the tongue,
I recoil from its aftertaste.
The nostalgia of home holds no reins for me;
The nostalgia of exile,
A confection devoured and discarded.
Only here—yes, only here—
Do I reveal
The cruelty of kings.

薛岫

润之说，《红楼梦》里有两派，
一派是好的，一派是不好的。
贾母、王熙凤、贾政——不好，
贾宝玉、林黛玉、丫鬟——好。
听闻此话的我掐指一算，不禁缩成一团。

我来自钟鸣鼎食的小布尔乔亚之家，
自从五官各奔东西，乖乖长大了，
我变成了 人们口中可以演薛宝钗的假淑女。
认栽了，
我的亲友多似薛蟠，
我的异己恰似宝黛，

而我，躲进墨迹深深处的疯人院里，
在页间的罅隙里微微发光，
如夜里孤悬，沾染尘埃的明珠
同水晶与红药一起陪葬，
于是，我把宣纸色的脸颊
涂上柔粉黄的杏桃光，
握着自己银盐感光成像的相片，
在镜头里，血色盈然的脸，
一口一粒朵颐了冷香丸。

一朵花不问自己是野蔷薇还是温室玫瑰，
一颗宝石不反思自己属于金冠或墓穴。
我无知亦侥幸
只学会把春色涂在脸上，
然后，舔干净它。

Xue Hui

Runzhi Mao has declared: in Dream of the Red Chamber,
There are two camps—one virtuous, the other vile.
Grandmother Jia, Wang Xifeng, Jia Zheng—they belong to the
latter.
Baoyu, Daiyu, the handmaidens—they are the good.
Hearing this, I counted on my fingers,
And quietly shrank into a ball.
I was born among teacups and chimes,
A minor bourgeois parlour-child—
And ever since my features wandered their separate ways,
Since I politely grew up,
I've become what they call a properly counterfeit
gentlewoman,
Fit to play Xue Baochai in some wistful, period dream.
So be it.
My kin bear a closer resemblance to the bully Xue Pan—
And those unlike me are twin spirits of Baoyu and Daiyu.
And I?
I slipped into the ink-stained sanatorium
Nestled deep within the pages of decrepit books,
Where I shimmer faintly,
Like a pearl left adrift in dust and shadow.
entombed beside crystals and faded lotus,
A keepsake for no one.
So I stain my rice papery cheeks
With soft apricot blush,
Hold in my hands a silver-halide photograph
Of a face flushed with blood-bright bloom—

And in the still of the lens, I
Take a cold incense pill, bite by bite,
As though it were a delicacy.
A flower does not ask whether
it is a wild briar or a greenhouse rose.
 A gem does not pause to wonder
if it were set atop a crown—or buried in the catacombs.
I am ignorant, and for that—blessed.
All I've learned
Is to smear springtime on my cheeks—
Then lick it clean.

宅斗

从小鄙夷彩电里宫斗剧的我，
自从小布偶来到家中，
便开始钻研如何谄媚争宠，
誓要成为猫猫唯一的心头好。

是以色侍人？
色盲的猫咪偏爱黄绿
我正有意每天打扮的花花绿绿的

是以嗜好控心？
我悄悄在她的碗里洒下猫薄荷
构建肉泥猫条的甜梦
它放大的瞳孔水汪汪的望着我。

或是以技艺擅宠？
熟习握顺毛按摩手法，
让它在我手中软作一滩春水，
呼噜声起落，如分封赏赐。

每当听见家人惊呼：
"小布偶没良心，只亲她！"
我便知独占它的阴谋正在生效，
这长夜深宫里的棋局，

步步为营，终成合围之势。
可毛茸茸的小祖宗，
对他人的爱抚来者不拒，
心无偏宠，如月映万川
愿我盛宠不衰，
继续做这猫唯一的宠物。
在被窝里偷偷打开网络教程
标题闪亮
"铲屎官——成为最爱"

Palace Intrigue

a child, I scoffed at the garish palace intrigues on television—
Schemes spun by silk-robed consorts,
Whispers behind gilded screens.
But ever since the ragdoll kitten arrived,
I've devoted myself to the art of flattery and favour,
Vowing to become her sole and sovereign delight.
Shall I win her by charm of hue?
Her majesty is mostly colour-blind, yet partial to greens and
golds—
So each day, I dress in florid splendour,
A parade of lemon, moss, and marigold.
Shall I seize her by the senses?
I sprinkle her dish with dreams—
A dash of catmint, a trace of pâté.
She gazes up at me with widened, shaky eyes,
Glossy, dilated, utterly spellbound.
Or shall I triumph through craft?
I've mastered the rituals of fur and fingertip—
My strokes fluid, my massage divine.
She melts beneath my hands
Like water thawing in spring,
And her purring rises and falls
Like blessings bestowed by a little empress.
Each time my family cries out:
"That ragdoll has no loyalty—she only loves her!"
I understand the orchestration is working.
Many a long nights in the silent palace

a chessboard, move by careful move,
The final siege is mine.
Yet my fluffy liege,
Accepts every hand that strokes her.
She plays no favorites.
Her love is like moonlight glistening every stream.
Still—
May her affection never wither,
May I remain
Her one and only love.
And so I slip beneath the covers
To search the web in secret,
The heading glinting like a promise:
"Shit-scoopers- Become Favorite Now"

净冬

阳春白雪，和者盖寡
从最污秽的砚台，我醒来，
一块煤炭被炼成带着春寒香的雪球，
它从空中滚落，砸入你的掌心，
溅出一滴滴花粉孢子，像爱之初的刺痛。

我从雪崩中
滚滚滚滚而来，沉默而喜悦地
化为你屋檐下晶莹的冰雨，
裹挟霉菌滴入窗台下的完美菜园中。

伟大的男巫师来了，
他用巫术将我种在苦地里，
空心菜长成一株倾城的花朵，
松软得不像话，
娇贵得几乎不能被尊重。

冬眠到春眠，
无疑，冬天是最美的季节，
也是最难被爱的，
譬如———一张洁净得令人发抖的脸。

而你，

像秋季酿成的葡萄酒，
浓得要滴出肉来，
一个吻，就能把烧红整座果园。

真令人嗔目结舌——
你竟然爱这样的我，
爱这捆在雪与煤之间腐化过的灵魂，
转眼已经好几个春夏秋冬哩。

Pure Winter

High art, like rare snow, finds few companions.
I awoke, from the filthiest inkstone—
A lump of coal, smelted
Into a snowball laced with the chill scent of early spring.
dropping from the sky,
It Struck your palm,
And scattered spores of pollen
Like the first sting of love.
I came,
Tumbling from the avalanche—
Silent,
Joyous—
And fell into frozen rain beneath your eaves,
Glass-like,
Slipping with spores and all soft rot
Into the pristine garden at the foot of your windowsills.
Then the great sorcerer arrived.
With a gesture, he buried me in the bitter earth.
An empty-hearted Water spinach bloomed into a flower too
lovely for its name.
So tender it defied decorum,
So delicate, nearly unworthy of respect.
Winter sleeps into spring.
And without doubt,
Winter was the most exquisite of all seasons—
Also the hardest to be loved.
Like a face
So clean it makes one tremble.

And you—
You are like wine distilled from autumn grapes,
So rich it threatens to drip flesh.
A single kiss
Could ignite an orchard that fills the horizons.
It stuns me—
Leaves me reeling—
That you could love me as I am,
This soul decaying somewhere between snowfall and soot,
And yet—Somehow— Still here,
Through so many seasons gone.

彭美沁

贪腐小将

在我们家，
"按摩洗脚"不是服务，是神圣的腐败仪式，
不需要用上你们的大宝剑，
只有令人安心的薄茧和低声哼唱的姨姨们，
用粗糙的手，
将疲惫的血脉搓成儿歌。

我们把这一切尊称为贪污腐败——
一种从脚底升腾到头顶的官僚主义蒸汽。
我才七岁，
便有幸参与这温热的、不道德的温柔。
坐在皮沙发上，
双脚泡在奶白色的小桶里，
像一位尚未就职的小贪官，
提早学会了什么叫被伺候。

但享受贪腐，有时也会带来危机的不妙。
我的手指像没出炉的甜点，
在她们的笑声里逐渐坍塌，
变成一串串形状错误的成品

而爷爷们的手指——
则像旧制度里的秘密条款，
直直伸入我耳蜗深处，

把我搅成一团听不懂世界的小团子。

啊，好喜欢，
做一个柔软的面团，
被热油、香精、花瓣，和人民的手反复搓揉，
被重新塑形、
拉细长，匀称，发亮，
在冒着蒸汽的托盘上出炉——
新鲜、道德暧昧、
带着人情味的小小党徽蛋糕。

The Little Corruption Cadet

In our house,
"Massage and foot wash" is no mere service—
It is a sacred rite of decadence.
There are no uses for your "grand sabers",
Only the low humming of aunties, soft with habit,
Their coarse hands
Kneading wearied veins into lullabies.
We call this spending, with the utmost reverence:
Corruption.
A steam rising from the soles to the skull,
The bureaucratic mist of comfort.
I was only seven,
And already fortunate enough
To partake in this tepid, immoral tenderness.
Perched on the leather sofa,
My feet submerged in a milk-colored basin,
Like a junior official not yet sworn in,
Already learning what it means
To be cared for—
To be served.
But indulgence has its perils.
My fingers, like pastries never set,
Began to collapse beneath their laughter,
Becoming a string of misshapen confections.
And the masseuses' fingers
were like secret clauses from some vanished regime.
They reached, straight and unhesitating,

Into the inner workings of my ear,
Stirring me into a dumpling of incomprehension,
Unable to decipher the world outside.
Ah—how I adored it:
To be a soft dough.
worked over by hot oil, fragrances, petals,
And the hands of the working people.
To be reshaped,
Laid flat, balanced, made to gleam.

Fresh.
Ambiguously moral.
Tender with human warmth
Risen from the rot
And ready to be served—
A tiny party-emblem cupcake。

死亡莓

饱满圆润的双色果实，
仿佛谁在造物的午夜打了个喷嚏，
便落进人间。

据说是天神培育出的最新品种，
一半通体雪白，像冷藏的永生，
另一半暗红微黑，带微笑的毒液。
它挂在失乐园的边界，
比苹果更软，比忏悔更甜。

树上的它们像一排排精致的判决，
善与恶在它体内
亲昵地依偎，像新婚夜未熄的烛火，
你咬下哪一边，
哪一边就会爱你。

爱人们在午后的草地上抓起一把，
像抢答一样塞进彼此翘起的嘴角，
咬碎的声音比誓言还响，
浆果炸开，他们接吻，
被闪电贯穿，
然后安静地
在雨后蒸汽中缓缓化为光尘。

河童和太阳神，
在遥远的田埂边做记录员，
他们从不吃，只看，
看孩子们误食那东西后，
额头泛起古老金色的纹路，
从不哭，也不笑，

玩忽职守的死神
与凡间春游的稚天使，
用剩下的果实
在粉色狗尾巴草丛中
打起了饱含圣意的食物大战。

他们拾起摔得绽开的死亡莓
用四溢的果浆为彼此的嘟嘟的脸颊涂上腮红和唇釉，
像一场无声的加冕礼，
不许说话，只许发光。

Death Berry

A plump, two-toned fruit,
As if someone—mid-sneeze—
Let it tumble from the hand of creation at midnight.
They say it's a new variety
bred by the gods:
One half is pure white, like the cryochamber of eternal life,
The other, dark red verging on black—
A venom that grins.
It hangs on the edges of eden lost,
Softer than an apple,
Sweeter than remorse.
On the branch, they appear
Like rows of delicate verdicts.
Within them, good and evil
Curl together like candleflames
On a honeymoon night—
Whichever side you bite,
That side will fall for you.
Lovers, in the drowsy tall grass of afternoon,
Grab handfuls as if snatching at questions in the air,
Shoving them into each other's grinning mouths.
The crush of fruit is louder than their vows—
The berries burst—
They kiss.

They're struck through by lightning,
fall silent,

Dissolve
In rainy steam
Into threads of radiant dust.
A river imp and a solar god
Watch from the farthest ricefield riverbank.
They never taste—only witness—
As children mistake the fruit for play,
And gold-flecked wrinkles bloom on their brows.
They do not laugh.
They do not weep.

Springtime cherubim on earthly leave
Begin hurling the leftover berries
In the pink-streaked field of foxtail grass—
A food-fight filled with sacred mischief.
They gather the smashed fruit,
And with its leaking juice,
Anoint each other's puffed cheeks
With rouge and gloss—
Like a coronation held in silence.
No words allowed.
Twinkle right where you are.

深夜之女

她不是人类。
她是一只不耐看的幽灵娃娃
她没有对称的锁骨、
也没有一对标准配置的眼球，
她用自然赋予的异构语言
长出了三个名字、六个身份，
如同被潮湿梦境反复塑形的美西螈，
柔软，却不能死去。

她偏爱穿浅色，
奶白、淡黄、天蓝——
像新生儿房间里的布偶幽灵娃娃，
纤细、无害、易碎、
让人想咬一口
再无声地吐掉。

折断的羽翼铺满了墨色的羽毛，
深夜亲手缝的墨色残片，
沿着她肩胛一路垂坠，
她打扮自己
是为了不被染色，
却总是缓慢地——
被吞噬，

像半年没人吃的万圣节糖果，
最终溶进夜的舌头里。

她的喜好太个人，
她的声音太低、太晚、太没有标签。
那些精英，
那些纨绔，
厌弃她的"无趣"，
就像人类厌弃不长花的草。

她并不美丽的手指，
在深夜轻轻敲打键盘，
像一只在屋角抖动的蛛，
秀发并不芳香，
却缠绕着每一个滑进她生活的陌生人，
缓慢、冷静、无比柔软地
让他们忘记自己为什么来。

她并不想造反。
她只梦想去波拉波拉旅行时，
跳上一棵非洲郁金香树，
鳄梨树，塔希提栗，或面包果树的树冠，
不带泳衣，也不说再见，
就那样栖居在高处
说什么都不
再碰那片泥泞的土地

Daughter of the Deep Night

She is no human.
She is a ghost-doll—too strange to gaze at for long.
She has no symmetrical collarbones,
No standard-issue eyes.
She speaks in a language born from nature's deformities—
A tongue with three names and six selves,
Moulted and reformed like an axolotl
Dreamt into shape by damp, recurring fixations.
She is soft—
But cannot die.
She favors pale garments—
Milk-white, powder yellow, sky blue—
As if stitched from a nursery
Where dolls go when no child wakes.
She is delicate, harmless,
Fundamentally Breakable.
The kind of thing you want to bite once—
Then spit out without a sound.
Her Shattered wings scatter midnight feathers.
Dark scraps sewn by the hand of night
Trail from her shoulder blades
down, down like mourning lace.
She dresses
Not to impress,
But to resist being stained.
And yet—
Always, slowly—
She is devoured.

Like Halloween candy left half a year too long,
She melts
On the tongue of darkness.
Her tastes are too private.
Her voice—too late, too low, not stylized.
The polished and chosen ones—
Dismiss her quietness as "dull,"
The ways that people dismiss grass
for never learning to bloom.
Her fingers—plain, not lovely—
Tap softly at night
Like a trembling spider in the corner of a room.

Her hair has no perfume,
Yet it winds itself
Around every stranger who slips into her life,
Wrapping them—slowly, Cooly,
With unbearable tenderness—
Until they forget why they came.
She does not seek to rebel.
She only dreams—
That when she travels to Bora Bora,
She'll climb the crown of a tulip tree,
Or an avocado tree,
Tahitian chestnut?
A breadfruit canopy.
No swimsuit.
No goodbyes.
Just her highcastle.
Not another word.
And never touch that muddy earth again.

沙漠之眼

一只猎豹，
掠过黑色郁金香盛开的沙漠星空。
那不是幻觉，
是命运在沉默中发出的低频邀约。

他的脖颈缀着一颗
冷静而炽烈的月长石，
像一滴从银色钟摆滴下的预言，
不为任何人祈祷，
也从不向任何神像求救。

你不属于森林、庭院、或珠宝盒，
我认识你——
你是那位被神遗忘、被风沙雕成的异教徒，
在喧嚣午夜的纯白沙丘上，
不声不响地重塑信仰。
罗盘是只属于你掌心，那枚未曾送出的星星。

你有眼疾，
也有多余的枝干，
你的一切瑕疵，
都像来自恒星碎片的手工锯痕，
比仙女座所有的繁星

都更加闪耀而准确。
你只是眨了眨眼，
我就开始埋自己，
我知道没人看见，
你也不会来挖我。
可世界上所有不安分的水滴，
还是照旧从山顶、眼眶、梦里奔向你——
昼夜不舍，潮汐无声，
它们从没学会回头，
就像我从没学会爱别人。

彭美沁

Eye of the Desert

A cheetah
glides across the desert sky blossoming with black tulips.
It is no mirage,
but destiny extending a low-frequency invitation.
Around his throat
rests a moonstone—calm yet aflame,
like a drop of prophecy falling from a silver pendulum.
He prays for no one,
and seeks refuge from no altar.
You belong neither to forests, nor gardens, nor treasure chests.
I recognize you—
You're the forgotten heretic sculpted by wind and sand,
Silently, on pure white dunes in the clamour of midnight
you reshape your faith.
The compass belongs solely to you,
that star you never gifted me.
Your eyes hold ailments,
your branches unnecessary limbs,
yet each imperfection
bears the mark of stardust carved by hand—
brighter, truer
than every star strewn across Andromeda's veil.
You merely blinked once,
and already I begin burying myself.
I know no one shall notice.
you will not come to dig me out.
But every restless drop of water in the world

still rushes toward you—from mountains, irises, from
dreams—
relentlessly, soundlessly as tides,
never learning to turn back—
just as I have never learned
to love anyone else.

丑陋的智者

每当我动用自己那颗小小脑瓜，
我都会被镜子吓一跳——
那是个蜡像般的人形投影，
眉毛太挑，嘴唇太干，
像一位大革命前夜的法国农妇，
正在数面包还够不够第二阶级的歌剧钱。

这副形容枯槁的脸，
真的是一个刚刚在微积分考试中
全对的高中生吗？

我的天哪，
我该高兴吗，
该在饭桌上展示我的智性，
然后再偷偷在厕所里
拉下眼袋观察自己变薄的睫毛？

王尔德说得真残忍，
智性表达开始的地方，便是美的终结。
这句话像针一样穿过我的脸，

所以，
我就在这稚嫩的年纪，

站在了这条可怕的岔路口吗——
美丽的蠢驴，
或丑陋的智者？
是不是这就是神明开的玩笑？
救妈妈还是救对象？动不动那该死的电车呢？

可是七年过去了，
我还没有为任何人驮过一滴水、
一束玫瑰。

The Ugly Sage

Every time I put my meager brain to work,
I catch my own reflection
And freak—
A waxen humanoid projected back at me.
The brows too arched,
The lips too dry—
Like a French peasant woman
On the eve of the revolution,
Counting coins to see
If there's enough for tonight's bread and the second estate's
opera.
This worn and famished face—
Is it truly the look
Of a high schooler who just aced a calculus exam?
My God.
Am I supposed to be proud?
Supposed to sit at the dinner table
And present my intellect
Like an hors d'oeuvre,
Then sneak away to the bathroom
To pull down my undereyes
And inspect how my thinning lashes?
Wilde was cruel,
Wasn't he come up with —
"Where intellect begins, beauty ends."
That line pierces my facade
Like an unapologetic needle

So here I am,
At this terrifying fork in the road
Far too young—
To choose between
A beautiful donkey,
Or an ugly sage?
Was this the gods' little joke?
Like those impossible hypotheticals—
Do you save your mother or your lover?
Pull the lever, kill five or one?
And yet seven years have passed.
And no one……
Has dared to saddle me with
a drop of water,
or a single rose.

琴妈妈

琴妈妈，永远年轻，永远可爱，
像奶油蛋糕里藏着数十瓣水果的罗文琴女士。
你是我第二个母亲，
却是第一个教我如何
从笑声里分辨出哲学的人。
我人生前五的大哭，大恸，
有一次是目送你目送我离开
我那年还太小，
第一次知道和一个人的分别
也可以像星辰坍塌那样响亮。
你生活中总有那么多快乐，
快乐像不受控制的糖果雨，
落在你发间、肩头、心尖，
我们这些孩子，就像落汤的麻雀，
站在你身边学会了，
怎么被一场晴天的暴雨收养。

很难不看出
爱情是你毕生的事业，
而我怀疑，你可能是
罗琳没写完的章节，
或是谁家的小女神走错了世纪。
你也是我们之中唯一的哲学家，

你笑的时候，一切哀愁都会颤抖，
像被捏碎的水银，失去了游动的光。
上天看穿了你的纯真，
于是故意给你一个世纪的童年。
你从未长大，
可你比所有我们这些成熟者
更知道如何爱人、包容、饶恕与转身。
谢谢你，
代理了我生命中
所有来不及主掌的温柔。
谢谢你让我知道，
母亲的光不止一种，
有的像月亮，有的像火，
你则像童话书里会笑的云朵，
每一页都轻，却可以替我
遮住整个雨季。

Maman Qin

Maman Qin—forever young, eternally radiant,
Like a cake with icing hiding dozens of fruits,
Madame. Luo has sweetness folded into every petal.

You were my second mother—
But the first to teach me
How to hear philosophy inside laughter.
Of the five great sorrows of my early life,
One was watching you as I rode away.
I was still so little then,
And it was the first time I understood
That parting from someone
Could sound as loud
As the collapse of a star.
There was always so much joy orbiting your life—
Joy fell like a rain of sugar you couldn't stop,
Scattering across your hair,
Your shoulders,
The curve of your heart.
We children, soaked like sparrows in a sudden sunlit storm,
Stood near you and learned
How to be adorned by a downpour
On the clearest of days.
It's hard not to notice—
Love was your lifelong craft.
And I suspect you might be
A missing chapter J.K. Rowling forgot to write,

Or a household goddess
Who wandered into the wrong century.
You were also the only philosopher among us.
When you laughed, every grief
Trembled—
Like mercury snapped into drops,
Its luster lost in motion.
Heaven, seeing through your innocence,
Granted you a century-long childhood.
You never truly grew up—
And yet, you knew better than any of us
How to love,
To forgive,
To let go,
To begin again.
Thank you—
For standing in for all the gentleness
I was too young to carry on my own.
Thank you for showing me
That a mother's light comes in many forms:
Some like the moon, some like fire—
And some, like you,
A smiling cloud from a storybook,
Lightweight on every page,
But vast enough
To cover my historical season of monsoons.

附 录

2025 年第五届纽约法拉盛诗歌节获奖诗人及作品名录

原创诗歌二等奖

文蓉　　　我的诗歌纪录片
寒山老藤　春天来了

原创诗歌三等奖

柳扬　　　倒立
袁梅　　　你好，孤独！
漾滢　　　合欢
王键　　　与多多去白沙门看海

翻译奖

汉诗翻译奖

明迪 Ming Di 译　　雨天 / rainy day, Tenzin Pelmo 旦增白姆原作

汉诗英译新人奖

彭美沁 Meiqin Peng 作/译　最大猴子圈 / The Biggest Monkey Sphere

编注：本届作品特别奖、一等奖从缺